Prix : **20** centimes

QU'EST-CE QUE L'ÉTAT?

OU

L'ÉTAT ET LES PARTIS

ORDRES DE LA NOBLESSE ET DU CLERGÉ

TIERS-ÉTAT OU BOURGEOISIE

QUATRIÈME ÉTAT OU PARTI OUVRIER

PAR

Paul-Émile LAVIRON

PARIS

CHEZ L'AUTEUR, 7, RUE AUDRAN (18ᵉ ARRONDISSEMENT)

DÉPOT :

L. LAPLANCHE, COURTIER DE PUBLICITÉ

8, rue du Vertbois (3ᵉ arrondissement)

MARCHANDS DE JOURNAUX ET BROCHURES

1880

QU'EST-CE QUE L'ÉTAT

ou

L'ÉTAT ET LES PARTIS

F. AUREAU. — IMPRIMERIE DE LAGNY.

QU'EST-CE QUE L'ÉTAT ?

OU

L'ÉTAT ET LES PARTIS

ORDRES DE LA NOBLESSE ET DU CLERGÉ

TIERS-ÉTAT OU BOURGEOISIE

QUATRIÈME ÉTAT OU PARTI OUVRIER

PAR

Paul-Émile LAVIRON

———

PARIS

Chez l'AUTEUR, 7, rue Audran (18e arr.)

DÉPOT :

Chez L. LAPLANCHE, Courtier de publicité,

18, rue du Vertbois (3e arr.)

TABLE

22 Septembre 1880.

J'ai longtemps hésité à publier l'exposé que j'avais fait sur la question de l'État à la conférence de Belleville du 14 mars dernier. Mais en présence des absurdités qui se débitent journellement sur cette question et qui sont, à mon avis, l'obstacle le plus sérieux au progrès, je ne crois pas devoir attendre davantage. Ceux qui soutiennent l'État et ceux qui l'attaquent semblent n'avoir qu'un seul et même but : l'annuler comme une entrave à leur domination, afin de pouvoir à leur aise sacrifier l'intérêt général à leur intérêt de parti, l'utilité publique à leur égoïste satisfaction. Les uns et les autres ne sauraient aboutir qu'aux désordres, aux perturbations, à la ruine. Il est temps d'opposer une digue à leurs doctrines aussi funestes qu'étranges. C'est ce que je cherche à faire, en publiant l'exposé de Belleville, augmenté de nouveaux développements et de quelques considérations sur le parti et les congrès ouvriers.

P.-E. LAVIRON.

QU'EST-CE QUE L'ÉTAT ?

PREMIÈRE PARTIE

L'État considéré au point de vue des droits du travail.

(Ce discours a été prononcé le 14 mars 1880 au théâtre de Belleville, dans une conférence organisée par le Groupe d'initiative pour la création d'une Caisse nationale des Retraites civiles.)

Mes chers concitoyens et concitoyennes,

J'ai saisi avec empressement, malgré mon inexpérience de la parole, l'occasion qui m'a été offerte d'expliquer, en présence d'une nombreuse assemblée, ma manière de comprendre le rôle de l'État dans les réformes destinées à améliorer le sort de ceux qui souffrent.

La question de l'Etat est une des plus importantes, sinon la plus importante que je connaisse. Dans les discussions auxquelles elle donne lieu tous les jours, on remarque une confusion d'idées très fâcheuse pour la solution des problèmes politiques et sociaux qui en dépendent. Parmi les hommes également bien intentionnés qui cherchent la réalisation du bien-être des travailleurs, les uns invoquent l'action directe de l'Etat, les autres au contraire réclament l'exclusion, la suppression même de l'Etat.

Les premiers qui, du reste, me paraissent plus dans le vrai, n'expliquent pas d'une manière suffisamment claire en quoi consiste l'Etat; ce qui peut le distinguer du gouvernement, du pouvoir exécutif, de l'autorité sous toutes ses formes; à quel titre il lui appartiendrait plus spécialement d'intervenir; en vertu de quels principes il agirait : de sorte qu'on n'est pas sûr si son concours serait, dans leur pensée, un acte de bienfaisance ou l'accomplissement d'un devoir.

Les seconds sont plus tranchants. Ils évoquent à tout propos et hors de propos l'Etat, sans se préoccuper le moindrement de ce qu'il pourrait bien être; ils le confondent sans cesse et le discutent pêle-mêle avec le gouvernement, l'autorité, le pouvoir; ils le chargent de tous les abus, de tous les excès commis sous ces différents noms; puis, ainsi accablé, ils le condamnent sans rémission, comme le bouc émissaire des péchés d'Israël. Là-dessus, ils interdisent tout contact avec lui et repoussent, non seulement comme une chose humiliante, mais surtout comme un danger, son intervention qu'ils qualifient d'ingérence.

Pendant ce temps-là, rien ne se fait : les améliorations les plus urgentes attendent; l'œuvre des retraites pour la vieillesse n'avance pas, et les adversaires absolus de toute réforme économique et sociale profitent de l'imbroglio d'une pareille situation pour dire aux intéressés désorientés : « Vous le voyez! de quel côté que vous vous tourniez, vous ne pouvez accepter l'intervention de l'Etat pour vous constituer un fonds de retraites. D'une part l'Etat, pour ceux qui admettent cette intervention, n'y étant pas obligé par un devoir absolu, accomplirait là un acte qui ressemblerait beaucoup à une œuvre de charité; ce serait une aumône humiliante que votre dignité ne nous permettrait pas d'accepter. — D'autre part, ajoutent-ils pour les malheureux qui auraient quelque velléité d'insister, les vôtres eux-mêmes, vos propres compagnons de travail vous conseillent de vous tenir en garde contre cette sorte d'ingérence de l'Etat ; vous risqueriez de vous donner un maître, et il pourrait en résulter pour vous plus de mal que de bien. »

Et les travailleurs, déconcertés, ne trouvant rien à répondre à ces objections spécieuses, perdent confiance et courage, s'abandonnent aux hasards des événements, et laissent faire les habiles, qui se félicitent d'en être quittes à si bon marché, de pouvoir rester inactifs devant les réclamations les mieux justifiées ; et cela sans avoir rien à se reprocher, grâce aux maladresses des promoteurs mêmes de ces réclamations.

C'est ainsi que, pour l'une des réformes reconnues les plus urgentes, on a fini par ne plus savoir ni comment s'y prendre, ni sur quoi s'appuyer, ni à qui s'adresser, et par être exposé à en voir la réalisation indéfiniment ajournée.

En attendant, le mal persiste ; il s'aggrave. Les vieux travailleurs, si méritants qu'ils aient été, continuent d'être réduits à mourir de misère ou à tendre la main, victimes de plus en plus nombreuses d'une fausse et maladroite doctrine.

Cette situation est triste. Il faut à tout prix en sortir, et la première chose à faire, à mon avis, c'est d'écarter les moyens d'ajournement que fournit aux adversaires de la réforme l'incohérence des opinions sur le rôle de l'Etat dans la société.

Nous allons donc essayer de débrouiller ce sujet.

Disons tout d'abord qu'il ne faut pas confondre l'Etat avec le gouvernement ; que le premier comprend l'ensemble du pays et de ses intérêts, tandis que le second ne s'est jamais basé que sur une partie restreinte de la société. C'est déjà une différence assez radicale qui, certes, mériterait d'être prise en considération.

Jusqu'ici cependant l'Etat, malgré son caractère plus élevé, n'a eu, dans la direction des affaires, qu'un rôle absolument nul ou tout à fait secondaire. Au temps de la féodalité, il n'existait même pas, puisque le territoire étant divisé en une quantité de seigneuries plus ou moins indépendantes, il n'y avait pas de lien positif entre les habitants des divers groupes, et s'il a existé sous la monarchie pure par l'effet de l'unification nationale, il n'en a guère été plus avancé : complètement absorbé dans le pouvoir royal, suivant le mot de Louis XIV « l'Etat c'est moi », il n'exerçait pas la moindre influence sur les affaires publiques.

Depuis lors, sa condition ne s'est pas sensiblement modifiée : il n'a cessé, en effet, sauf pendant de rares et de courts intervalles, d'être

accaparé, dominé, annulé par tous les gouvernements qui se sont succédé.

Devant la persistance de ce fait, on est amené
naturellement à se demander à quel titre les
gouvernements se sont-ils toujours emparés de
l'Etat pour le mener et l'exploiter à leur guise;
en quoi ils pourraient bien lui être supérieurs,
au point de le réduire à n'être que leur chose.

A ne considérer que leur nature respective,
c'est au contraire l'Etat qui devrait commander;
car celui-ci représente la nation entière, à la
différence des gouvernements qui n'en repré-
sentent, à vrai dire, qu'une fraction, celle formée
des classes où ils se recrutent. Or, personne ne
conteste, n'est-ce pas, que le tout est plus grand
que la partie et la renferme fatalement.

Les gouvernements, on est forcé de le reconnaître, n'ont jamais représenté autre chose
qu'un parti. Ce parti sous l'ancien régime, se
composait de deux classes : la noblesse et le
clergé. Ensuite il en a compris trois par l'ad-
jonction de la bourgeoisie. Aujourd'hui il ne
cherche qu'à se maintenir ainsi constitué, sous
la dénomination générique de classe dirigeante;
et malgré bien des transformations plus appa-
rentes que réelles, nous n'avons pas encore cessé
de n'avoir affaire qu'à des gouvernements de
parti, qui persistent à s'assujettir l'Etat pour

rester maîtres de la nation et l'exploiter à leur profit et au profit des leurs.

Cette exploitation, on est obligé de le reconnaître, les gouvernements y sont contraints par leur situation anormale elle-même. Ils ne peuvent se préoccuper et ne se préoccupent, en effet, que des intérêts du parti qui les a élevés et qui les soutient, leur subordonnant fatalement les intérêts généraux ou du plus grand nombre.

Et voici pourquoi.

Les gouvernements ont pour mission essentielle de maintenir l'ordre, de garantir la paix. L'ordre et la paix donnent la sécurité, encouragent le travail, assurent la prospérité. L'ordre et la paix sont donc au nombre des besoins sociaux les plus impérieux, et en veillant à ce qu'il n'y soit porté aucune atteinte, c'est à l'intérêt général que l'on veille : tout cela est incontestable. Mais il s'agit de savoir comment on s'y prendra pour satisfaire à ce besoin primordial de la société.

La première condition de la paix et de l'ordre consiste dans la stabilité même des gouvernements. Il faut, avant tout, qu'ils ne soient pas exposés sans cesse à des ébranlements plus ou moins graves. Or, n'étant que des gouvernements de parti, de qui leur vient principalement le danger ? De ceux qui, exclus du pouvoir, ne cherchent que les moyens d'y rentrer. Et où trouveront-ils leur point d'appui pour lutter contre ce danger ? Chez ceux qui les ont aidé à s'installer et qui ont intérêt à les maintenir. Ces derniers sont pour eux des alliés forcés qu'ils sont condamnés à combler de faveurs pour se les attacher le plus solidement possible. Mais où puiser de quoi pourvoir à ces faveurs? Dans la bourse du contribuable, du travailleur, de la grande masse de la nation. Voilà comment il se fait que, sous prétexte de sauvegarder les intérêts généraux, en les préservant d'un désordre que leur fausse position, leur position de gouvernement de parti rend toujours imminent, ils sont obligés de commencer par les sacrifier à des intérêts purement privés.

Ce n'est pas tout : ce premier abus en entraîne un autre, plus grave encore. L'exploitation, — inévitable dans les conditions actuelles — du grand nombre au profit du petit nombre, fait autant de mécontents qu'il y a de citoyens qui en sont victimes. Et ces mécontents, auxquels il est bien difficile de jeter la pierre, sont prêts à s'adjoindre, à l'occasion, aux partis évincés et hostiles, et à rendre ainsi la position des gouvenements de plus en plus critique.

Or, il n'y a pour ceux-ci qu'un moyen de conjurer ce nouveau péril : c'est de neutraliser

les forces vives de la nation, de lui enlever toute
initiative, et de se rendre autant que possible
maîtres de ses moindres mouvements ; c'est, en
un mot, d'annuler l'Etat. Ils y parviennent par
l'action d'une centralisation à outrance qui met
entre leurs mains, non seulement les affaires
d'un véritable intérêt public, mais encore celles
d'intérêt purement communal, ou départemen-
tal, voire même certaines affaires d'intérêt privé.
De cette manière, il tiennent sous leur dépendance tous les habitants qui, individuellement
ou comme groupe, sont contraints d'avoir recours à eux, et ils réduisent du même coup les
autres habitants à l'impuissance d'agir en leur
enlevant la force du nombre.

Remarquez enfin que la centralisation administrative ne va pas sans un accroissement exces-
sif des procédures ; ce qui permet aux gouvernements de multiplier à leur guise les emplois et
les traitements.

C'est encore, il est vrai, un surcroît de charges pour la masse. Mais qu'importe : ils se créent
ainsi une armée de fonctionnaires qui non
seulement leur prêtent un concours direct, mais
qui leur rendent plus de services encore par
l'influence et la pression exercée sur les admi-
nistrés.

Jugez, citoyens, quelle puissance une semblable organisation donne aux partis maîtres du pouvoir sur le reste de la nation, sur la masse des déshérités, sur l'Etat. On peut dire qu'elle enlace la France du nord au midi, de l'est à l'ouest, comme la pieuvre enlace le malheureux qui se trouve à sa portée.

Comment venir à bout de cette formidable centralisation, qui résiste avec tant d'avantage à tout progrès sérieux, à toute réforme positive, à toute extension sincère de la liberté ? En lui opposant le système fédératif; en combattant la coalition des intérêts de caste par l'organisation des intérêts généraux; en rétablissant l'Etat dans son autonomie, dans son indépendance vis-à-vis du gouvernement.

L'Etat, l'Etat rendu à lui-même, là est l'avenir, là est le salut!

Qu'est-ce en effet que l'Etat?

Le mot répond lui-même à la question. Ne dit-on pas l'Etat social d'un peuple? L'État est donc la manière d'être de ce peuple, la forme sous laquelle il exerce son activité, sous laquelle il règle et gère ses propres affaires, qu'il le fasse soit directement dans ses comices, soit au moyen d'une délégation élective et responsable.

En d'autres termes, l'Etat c'est la société se gouvernant elle-même; c'est le gouvernement du pays par le pays, au lieu d'être celui d'un parti sur le pays, c'est le gouvernement exercé sous le contrôle permanent du suffrage universel; c'est la représentation du peuple n'ayant à côté d'elle qu'une simple administration gouvernementale à ses ordres; l'Etat, en un mot, c'est la République!

La fonction de l'Etat, comme seul représentant légitime de la société, c'est de faire prévaloir en tout la volonté nationale, de sauvegarder les intérêts de tous les citoyens sans exception, de les protéger contre les prétentions des partis au pouvoir, d'assurer enfin le triomphe du droit et de la justice, toutes œuvres essentiellement démocratiques. Dominé et exploité jusqu'ici par les gouvernements, il s'agirait maintenant de le soustraire à leur mainmise, pour lui restituer son véritable caractère et lui rendre possible sa haute mission sociale.

Quand on se rend bien compte de cette situation, on ne peut se défendre d'un profond sentiment de tristesse, en entendant des hommes qui se posent en champions de la démocratie républicaine, réclamer la suppression de l'Etat ou, ce qui revient au même, son exclusion des affaires sociales. Ils ne s'aperçoivent pas, les imprudents, qu'ils font le jeu de la réaction qui, elle, ne se contente pas de réclamer cette suppression, mais qui l'accomplit. Ils ne s'aperçoivent pas qu'ils poussent au but que celle-ci poursuit sans relâche : le despotisme ; qu'il se font les plus dangereux auxiliaires des ennemis acharnés de la démocratie ; qu'en attaquant l'Etat, ils attaquent la République même au profit de la monarchie.

S'il y avait quelque chose à attaquer ici, comme étant la cause de tous les abus, ce serait plutôt les gouvernements, dans leurs formes autoritaires du moins. C'est à leur intention que Proudhon, lui, a lancé un jour cette parole hardie : « Je suis an-archiste ! » Je suis an-archiste ! car je ne veux pas subir les volontés plus ou moins arbitraires des partis installés au pouvoir. J'accepte bien les décisions librement prises dans les choses d'ordre général par la société tout entière ou par l'Etat qui la représente, parce qu'il y a quelqu'un qui a plus raison que Voltaire, c'est tout le monde ; mais à quel titre de simples individualités plus ou moins officielles prétendraient-elles avoir plus raison que moi ? Le cachet gouvernemental n'est pas une garantie d'aptitude, tant s'en faut. Nous avons des preuves encore récentes et bien douloureuses de l'orgueilleuse et sinistre incapacité de ces grands hommes, de ces hommes providentiels, qui s'imposent périodiquement à la société, pour son malheur.

Il est temps, me permettrai-je de dire à nos confrères égarés, il est temps, pour le salut de la société, pour le salut de la patrie, pour le salut de la République, de revenir à des idées plus saines sur la nature des institutions humaines. Il est temps de comprendre le rôle prépondérant et protecteur de l'État dans le règlement des affaires générales, dans le respect des droits de chacun, dans l'application de la justice. A l'Etat seul il appartient de statuer sur ces choses. Investi des pouvoirs de la société dont il émane, il a seul qualité pour agir en son nom, sous son contrôle direct et au mieux de ses intérêts. Les gouvernements, eux, n'ont d'autre fonction à remplir que de pourvoir à l'exécution des décisions de l'Etat. N'étant que ses simples délégués et par conséquent ses subordonnés, ils n'ont pas de volontés à poser en face de celles du pays exprimées par l'Etat. Si donc nous voulons réformer, réformons dans le but d'assurer l'autonomie de l'Etat et, avec elle, la stabilité de la République.

Vous apercevez de suite, mes chers concitoyens, les importantes conséquences d'une semblable théorie. Il en résulte que l'Etat a pour mission spéciale, essentielle, de faire respecter les droits de tous les citoyens. Il est de son devoir le plus rigoureux de veiller à ce qu'il ne soit porté aucune atteinte à ces droits, et, en cas d'atteinte, de pourvoir aux réparations commandées par la justice.

Pour se convaincre du caractère absolu de ce devoir, il n'y a qu'à se bien pénétrer du but dans lequel se sont formées les sociétés humaines, et dont l'État est chargé par elles de procurer la réalisation.

Les hommes, en se groupant, en se constituant en société, n'ont pas voulu seulement développer leur puissance productive ; ils ont voulu surtout associer leurs forces pour se mieux garantir entre eux la possession du produit de leur travail, contre des attaques, des usurpations, des surprises auxquelles, isolément, ils n'eussent pas été capables d'échapper ; ils ont voulu se mettre mieux en mesure de sauvegarder réciproquement leurs droits à la jouissance paisible et complète de ce produit. L'avantage d'une garantie réciproque contre les violences, les ruses et contre tous les accidents de la vie, d'une protection du droit contre la force, de la justice contre l'iniquité, telle est la grande raison d'être des sociétés humaines. Ce but est tellement le vrai que les trois milliards de notre budget et les services auxquels ils sont affectés n'ont pas d'autre destination.

Eh bien ! cette destination, si conforme aux

principes, est-elle fidèlement respectée dans la pratique ? Les ressources de ce budget, dit *budget de l'État,* profitent-elles à tous les citoyens indistinctement ? Sont-elles exactement appliquées à procurer l'impartiale observation du droit et de la justice ? Je vois bien que ces ressources, en dehors de ce qui sert à la protection de la vie et de la liberté individuelle, sont très libéralement employées à protéger les possesseurs du sol et du capital ; qu'elles sont consacrées sans ménagements à leur en garantir la propriété et le revenu. Mais les autres citoyens, ceux qui n'ont pour propriété que leur travail, pour revenu que leur salaire, jouissent-ils du même avantage ? Trouvent-ils, eux aussi, dans le budget, le moyen d'obtenir ce qui leur est légitimement dû, c'est-à-dire le produit intégral de leur travail ?

Il serait bien difficile de le soutenir ; car personne n'ignore que le salaire ne se règle pas du tout d'après la valeur du produit, mais uniquement d'après les besoins stricts du travailleur qui, dès lors, ne touche qu'une partie de cette valeur. Cependant la partie dont le travailleur se trouve ainsi privé, lui appartient au même titre que celle qu'il reçoit, puisque toutes deux sont également le fruit de ses œuvres. Pourquoi donc le budget ne porte-t-il aucun fonds pour lui assurer la totalité de son dû, quand il en met tant au service des possesseurs ? La société qui ne lui fournit pas à cet égard les mêmes garanties qu'aux autres, reste évidemment redevable envers lui de la réduction qu'il subit, et l'Etat qui n'assure pas l'acquittement de cette dette sociale, manque positivement, absolument, à son devoir.

Mais, se récrie-t-on perpétuellement devant de pareilles réclamations, ce seraient de nouveaux crédits à inscrire au budget, ce seraient de nouvelles charges à imposer aux contribuables et, par contre-coup, aux travailleurs-producteurs eux-mêmes !

Je pourrais me contenter de répondre : Et quand cela serait...! On ne refuse jamais de créer de ces charges à supporter par les travailleurs, quand il y va de l'intérêt des possesseurs! Pourquoi donc, une fois par hasard, ne consentirait-on pas à en créer aussi dans l'intérêt des travailleurs mêmes, sur qui elles pèsent ? Ceux-ci y auraient tout avantage ; car, tandis que, dans le premier cas, l'argent qu'ils fournissent est entièrement perdu pour eux, dans le second cas, au contraire, ils le retrouveraient sous la forme de pension de retraite : Cet argent alors, au lieu de passer à autrui, constituerait à leur profit une réserve pour les vieux jours.

Eh bien ! non. Malgré le côté favorable de cette combinaison, il ne serait pas même nécessaire d'y recourir. Le budget actuel suffirait à peu de chose près, je crois pouvoir l'affirmer, à pourvoir aux besoins de ce nouveau service. Il n'y aurait pour cela qu'à se résoudre à une répartition plus consciencieuse, plus équitable, plus logique des fonds qui le composent, à porter une main ferme sur les innombrables abus qui l'épuisent.

Ne supposez pas que je me lance ici dans des allégations aventureuses, imaginaires ! Non, citoyens ! J'ai beaucoup étudié le budget, permettez-moi de vous le dire, et j'ai constaté l'esprit essentiellement monarchique, aristocratique, dans lequel il a été primitivement conçu et dans lequel la centralisation administrative le maintient. Cet esprit entraîne à des dépenses considérables de pure fantaisie, sans autre résultat qu'un luxe effréné de fonctions et de traitements. Les dépenses de cette nature égalent peut-être celles qui sont réellement utiles et, en les économisant, on obtiendrait sans aucun doute de quoi subvenir largement, plus largement que je ne l'ai indiqué ailleurs (1), au service des retraites ouvrières.

(1) *Projet de caisse de retraites pour les ouvriers.*

Une affectation semblable n'aurait rien que de très naturel ; elle ne serait pas autre chose qu'une restitution ; elle ne ferait qu'indemniser le travailleur des réductions qu'il a subies dans son salaire. D'un autre côté, ainsi que je l'ai dit tout à l'heure et que l'a fait remarquer dernièrement un écrivain bien connu, le citoyen Albert Leblanc, l'impôt, de quelque nature qu'il soit, finit toujours par retomber sur les travailleurs producteurs, et depuis le temps qu'il n'est employé qu'au profit des possesseurs, il n'y aurait que justice, enfin, à en faire profiter aussi les travailleurs qui le supportent. L'impôt ainsi appliqué réaliserait, en partie du moins, l'impôt-assurance de l'éminent publiciste, Emile de Girardin.

La compétence et les obligations de l'État relativement aux droits du travail sont formelles ; et de plus, on vient de le voir, il possède d'ores et déjà les moyens d'y donner satisfaction en ce qui concerne les retraites ouvrières.

Qu'on ne vienne donc plus me parler, pour en faire les fonds, de retenue à exiger du travailleur ; car cette retenue, il l'a déjà subie par la réduction de son salaire au-dessous de la valeur de son produit, et cette retenue représente une somme plus que suffisante pour parer à tous les besoins de sa retraite. Libre à lui

sans doute de faire encore quelques économies,
— quand par hasard, cela lui est possible, —
en vue d'augmenter le chiffre de cette retraite!
Mais abandonner, en se résignant à des cotisa-
tions obligatoires, son droit incontestable sur
la portion réduite de son salaire! Mais reconnaître par là, comme légitime, le refus plus ou
moins absolu de lui tenir compte un jour de
cette portion! Non, il ne le doit pas. Il ne le
doit pas pour lui-même et aussi pour ses camarades moins heureux, auxquels il ferait ainsi un
tort irréparable. Non seulement son intérêt,
mais son honneur, sa dignité s'y opposent.

L'idée de réclamer de l'État lui-même, par
les voies légales, l'institution d'une caisse de
retraites, a fait, je le constate avec bonheur,
mes chers concitoyens, de sérieux progrès parmi
les ouvriers, depuis quelques mois surtout.
Le groupe qui s'est formé dans le but de la
propager et de la faire triompher, et qui poursuit sa tâche avec autant d'intelligence que de
zèle, — notre réunion même en est la preuve,
— a déjà reçu de nombreuses adhésions et de
chauds encouragements de la part de travailleurs de toutes professions. Ces honnêtes et la-
borieux citoyens, rejetant nettement, loyalement le dangereux système des revendications
absolues et brutales, sont prêts à seconder le

groupe d'initiative dans ses généreux efforts pour arriver à la reconnaissance, à la consécration du plus impérieux de leurs droits : la sécurité de l'avenir. Ils comprennent que le plus sûr moyen d'avoir raison quand on est dans le vrai, c'est de s'adresser à la raison. La vérité ne s'impose pas, elle se démontre.

Que les ouvriers dont je me permets de parler persévèrent dans cette ligne de conduite, où la fermeté se joint à la sagesse, et ils ne tarderont pas à voir se rallier à leur principe, — celui du *droit* à la retraite, indépendant de toute cotisation personnelle, — non seulement la grande masse de leurs camarades de travail, mais aussi les hommes de cœur de toutes les classes de la société.

Et vous, mes chères concitoyennes, vous qui, dans votre vie d'ouvrières, subissez avec la plus courageuse résignation un labeur si dur et si ingrat, vous dont le gain est si minime, d'une si monstrueuse insuffisance, vous n'hésiterez pas à apporter à vos compagnons de misère le concours de votre légitime et décisive influence. Vous êtes particulièrement intéressées à la solution la plus favorable de la question des retraites, à celle qui, s'inspirant des lois de la justice, ne prend rien sur des salaires déjà trop réduits. Sans examiner aujourd'hui s'il existe réellement entre les sexes, comme certains le prétendent, une égalité de devoirs et d'usages justifiant l'égalité absolue des droits, je vous dirai, en ami sincère et dévoué : Commencez par le plus pressé; travaillez d'abord à la conquête du plus urgent, du plus incontestable des droits, le droit à l'existence.

Après les gênes incessantes du présent, le dénuement certain de l'avenir est la cause pour vous de bien des humiliations, de bien des douleurs, de bien des tristesses. Ne négligez pas l'occasion qui vous est offerte de vous délivrer de ce cauchemar démoralisant. Vous êtes, au cours de la vie, les compagnes naturelles et solidaires de l'homme; secondez-le dans ses efforts pour en rendre les conditions moins dures, pour obtenir cette première et importante amélioration, la sécurité des vieux jours. Vous avez à y gagner plus encore que l'homme; vous avez à y gagner votre indépendance, votre dignité de femme.

Croyez-moi, chères concitoyennes, unissez vous à vos confrères de l'atelier dans la rude campagne qu'ils ont entreprise; vous les rendrez plus forts contre des résistances d'autant plus difficiles à vaincre qu'elles sont plus aveugles. Acceptez, pour le moment, de concentrer toute votre énergie, — et il ne vous en manque

pas, quand vous le voulez bien, — acceptez de
concentrer toute votre énergie sur ce point capital, et vous contribuerez puissamment à rendre
le succès plus certain et plus prompt. Et si, les
progrès les plus essentiels étant accomplis dans
les conditions de la vie matérielle, il venait à
être reconnu que des droits égaux vous sont dus
à raison d'une situation égale dans les choses
imposées par les lois et par les mœurs, oh ! alors
n'en doutez pas, ces droits vous arriveraient par
surcroît. Commencez donc par le commence-
ment : la garantie de l'existence. Je vous le
répète, vous avez tout à y gagner : le bonheur
et l'honneur.

J'ai le ferme espoir, chers concitoyens et concitoyennes, que le jour n'est pas loin où les
travailleurs, ouvriers et ouvrières, unis dans un
sentiment commun, pourront se présenter en
nombre pour revendiquer leur droit à la retraite. Ils savent maintenant à qui s'adresser
pour obtenir justice ; ils savent à qui incombe
la tâche de réparer les erreurs commises dans
la répartition des produits, d'indemniser ceux
qui, ayant créé la richesse, n'ont pu en retirer
de quoi épargner, de reconstituer le fonds de
réserve destiné aux retraites de la vieillesse ;
ils savent que c'est au représentant électif et responsable de la société, leur débitrice, à l'Etat.

Dans ces conditions, ils n'ont plus de prétexte pour rester divisés en deux camps, celui qui repousse l'intervention de l'Etat et celui qui la réclame. Qu'ils se rapprochent donc pour aller ensemble droit à lui et le mettre en demeure de se montrer juste, une fois enfin.

Vous voyez, citoyens, si j'avais raison de dire en commençant qu'il était de la plus haute importance de ne pas confondre, comme on le fait trop souvent, l'Etat avec les gouvernements. Ne dépendant que de l'opinion publique dont il est chargé de faire prévaloir les vœux, l'Etat n'a pas besoin de payer les services très hypothétiques d'une classe spéciale de citoyens sur laquelle il n'a pas à s'appuyer, et il peut disposer librement pour le plus grand bien de la généralité, de tous les fonds sauvés de cette improductive dépense. Il le peut; car c'est à lui qu'il appartient de voter le budget et d'en fixer et contrôler l'emploi. Mais il faut pour cela qu'il sache s'affranchir enfin de la tutelle gouvernementale qu'il a toujours subie soit de force, soit par faiblesse.

Cet affranchissement indispensable au succès des améliorations proposées, il dépend des électeurs, c'est-à-dire de vous-mêmes, citoyens, d'en hâter l'avènement; en composant l'Etat ou la représentation nationale d'hommes pénétrés de

l'esprit progressiste et démocratique du pays.
L'Etat alors, au lieu de s'incliner devant la
volonté du petit nombre, du parti gouvernemental, fera respecter celle du grand nombre, celle
du suffrage universel, et il ne rencontrera plus
d'entraves dans la réalisation des réformes qui
seront mûres.

Les gouvernements, au contraire, n'ont guère
les moyens de se placer sur un terrain aussi favorable. Tels qu'ils sont compris et qu'ils se
comprennent eux-mêmes, c'est-à-dire appuyés
sur une centralisation qui les accule aux agissements monarchiques, il leur est bien difficile
de se dégager du vieil esprit de routine autoritaire qui flatte tant leur vanité. S'attribuant la
mission aristocratique de mener l'opinion au
lieu de la suivre, de la diriger dans le sens des
idées arriérées de certaines classes qui se qualifient elles-mêmes de dirigeantes et qui ne les
soutiennent qu'à cette condition, ils sont obligés
de subir, au profit exclusif de ces classes, le gas-
pillage des fonds mis à leur disposition dans
l'intérêt de tous et de se priver ainsi des moyens
de faire droit aux justes réclamations des classes
laborieuses, de beaucoup les plus nombreuses
et les plus utiles.

Voilà pourquoi, citoyens, il n'est pas au
pouvoir des gouvernements, — qu'ils soient

crûment monarchiques ou non, — d'accomplir des réformes sérieusement utiles au peuple, aux travailleurs. Voilà pourquoi il n'y a de salut pour le peuple que dans la République, dans l'Etat républicain. Voilà pourquoi les hommes qui veulent la justice, qu'ils soient parmi les déshérités ou parmi les heureux, doivent tenir tous à la République, suprême expression de la société se gouvernant elle-même, de l'Etat social embrassant dans sa sollicitude tous les citoyens sans exception, de cet Etat qui seul est en mesure de réaliser le progrès, le bien-être, la liberté.

DEUXIÈME PARTIE

Historique des trois Ordres ou États :
Noblesse, Clergé, Bourgeoisie.

(On a lu, dans le discours qui précède (p. 11) un court passage, commençant par « *Au temps de la féodalité* », et finissant par « *sur les affaires publiques.* » C'est le résumé d'un exposé plus explicite que j'en avais retranché à la conférence du 14 mars, de crainte de paraître trop long et de fatiguer les assistants. Cet exposé, je crois devoir le rétablir pour les lecteurs, parce qu'il me semble de nature à éclairer encore la question.)

. . . .

Si nous remontons à l'origine de la nationalité française, nous n'apercevons guère d'Etat social bien déterminé. Il faut en excepter cependant l'époque des chefs ou rois de la première race. A cette époque, les Francs jouissaient de la faculté de se réunir en grandes assemblées pour régler leurs affaires générales 'avec toute l'indépendance d'un Etat libre. C'est dans ces assemblées que se faisait le partage du butin de guerre entre les soldats et les chefs. Ce butin était divisé en lots qui se tiraient au sort.

Permettez-moi, chers concitoyens et concitoyennes, de vous rappeler à ce propos l'histoire du vase de Soissons, qui un jour s'est trouvé dans le butin à distribuer. Clovis avait grande envie de l'obtenir sans courir les chances du sort, pour en faire don à l'évêque de Reims; mais la loi de l'Etat s'y opposait. Le vase échut à un soldat qui ne voulut pas le céder : c'était son droit. Le roi lui en garda rancune, et à une revue passée quelque temps après, il le prit en traître et le tua, sans qu'il s'élevât aucune protestation dans les rangs de ses camarades. Ce silence était significatif; il impliquait une véritable abdication de leur part; il présageait la ruine de leurs droits, de leur indépendance. En se résignant ainsi à l'acte violent de leur chef, en le laissant jouir impunément de son crime, ils s'annulaient devant lui, ils se livraient sans réserve à l'arbitraire gouvernemental. C'en était fait de leur existence comme nation libre, comme Etat.

Toutefois il est assez difficile de préciser le moment où cette transformation, dès lors inévitable, fut définitivement accomplie. Toujours est-il que, sous le régime féodal qui s'est implanté avec les rois de la seconde race, on ne trouve plus vestige d'un Etat proprement dit ; on ne voit que des groupements d'hommes plus ou moins nombreux, se transformant sans cesse, passant fréquemment d'un maître à un autre, mais disséminés sur le territoire sans lien positif entre eux.

Les maîtres, hiérarchisés du baron au roi, étaient les seuls représentants de la chose publique qu'ils exploitaient, hommes et biens, à leur profit personnel. Ils formaient une caste à part, celle des vainqueurs dominant, avec des pouvoirs divers, la grande masse des habitants. C'était le règne exclusif d'un Etat particulier : la féodalité ; règne incompatible avec l'idée d'un grand et unique Etat. C'était le gouvernement d'une minorité, d'un parti s'imposant à la nation entière.

Cette situation ne s'était pas sensiblement modifiée dans le cours des événements qui ont fini par concentrer tous les pouvoirs entre les mains d'un seul : le roi. La principale différence, c'est que les seigneurs féodaux, au lieu de régir d'une manière plus ou moins indépendante des centres distincts d'habitants, s'étaient groupés autour de leur chef hiérarchique, pour le soutenir dans l'exploitation centralisée de l'ensemble du pays et en partager les bénéfices avec lui. Mais le gouvernement, pour unique qu'il était devenu, n'en était pas moins resté le gouvernement d'uu parti, à l'exclusion de tout Etat général représentant la nation elle-même.

Cependant l'Etat particulier, dit ordre de la noblesse, n'a pas toujours été le paisible possesseur du gouvernement et de ses avantages. Un autre Etat particulier, l'ordre du clergé, s'était constitué peu à peu dans la nation. Grâce aux rivalités entre les seigneurs, aux luttes entre les prétendants, le clergé dont chaque faction recherchait l'appui par la concession de privilèges de toutes sortes, s'était considérablement enrichi et avait acquis une puissance formidable. Il en profita pour disputer le pouvoir à la caste qui l'avait grandi, et parvint même, après bien des guerres terribles, bien des persécutions atroces, bien des ruines profondes, à dominer cette caste et à se rendre par elle maître absolu des peuples. Ce fut, pendant un certain temps, le gouvernement du parti prêtre substitué à celui du parti féodal. On comprend qu'alors moins que jamais il pouvait être question d'un Etat pour la nation.

L'absolutisme clérical, ou théocratie pure, ne fut pas de longue durée. Il y eut des seigneurs et des peuples qui supportèrent impatiemment le joug. La lutte continua avec des péripéties diverses et se termina enfin par un accord, en

vertu duquel les classes rivales se partagèrent
le pouvoir et s'y soutinrent réciproquement
contre toute autre compétition. Le gouvernement ne changeait pas de principe ; il restait un
gouvernement de parti, mais composé cette fois
de deux classes de la société au lieu d'une : le
clergé et la noblesse. Ce régime ne comportait
encore pas l'existence d'un Etat national.

Ce n'est pas que ce dernier Etat ne fît de loin
en loin des apparitions, sous le nom d'Etats généraux. Mais ces apparitions étaient tout éphé-
mères ; elles n'avaient jamais lieu que dans des
circonstances d'une excessive gravité, et dispa-
raissaient aussitôt les difficultés réglées. Il n'est
sérieusement fait mention de l'Etat, comme être
moral distinct des classes privilégiées composant
le gouvernement, que sous les parlements et
à l'époque de leur plus grande influence. On voit
en effet les parlements, quand ils se heurtent à
des abus par trop criants, se permettre des remontrances au roi au nom des intérêts de l'Etat.
Mais il était rarement tenu compte de ces remontrances, le gouvernement ne reconnaissant pas
d'Etat en dehors de lui, ou ne l'admettant qu'à
la condition d'en rester le maître.

Telle était la condition faite au pays par l'ancien régime, et lorsque Louis XIV a dit : « l'Etat
c'est moi », il n'a eu nullement le mérite de con-

sacrer une nouveauté ; il n'a fait que constater une situation ancienne, invariablement maintenue par tous ses prédécesseurs.

Cependant, malgré les résistances de la royauté soutenue par les ordres de la noblesse et du clergé, les parlements n'en persévéraient pas moins dans leur système de remontrances pour protéger ce qu'ils appelaient les intérêts de l'Etat et ce qui n'était le plus souvent que *les* intérêts d'une nouvelle classe dans la nation, d'un troisième Etat spécial. Au moyen de ce système et des arrêts qu'ils rendaient en vertu de certaines coutumes, ils parvinrent à faire cesser bien des privilèges féodaux, à faire reconnaître bien des terres comme roturières, c'est-à-dire comme pouvant être possédés en franc alleu et à charge de cens, rentes, etc. « Ces sortes de biens, dit Merlin, étaient le patrimoine du plus grand nombre des sujets de l'Etat. »

Ces possesseurs roturiers se distinguaient donc essentiellement des anciens serfs des seigneurs ou du roi. Ils devinrent à leur tour riches et puissants et formèrent, avec les gros financiers et les grands industriels, cette classe fameuse qui, sous le nom de bourgeoisie, de tiers-état, réclama bientôt sa part dans la gestion des affaires publiques et entreprit la grande lutte qui aboutit à la révolution de 89.

Elle avait fait, il est vrai, vous ne l'ignorez pas, citoyens, d'importantes recrues parmi ces hautes classes de la société, où elle voulait s'élever à son tour. Mais ce renfort ne lui paraissait pas suffisant pour venir à bout des résistances opiniâtres de tout le corps des privilégiés. Elle sentait la nécessité de s'appuyer principalement sur les classes inférieures qui aspiraient comme elle à s'élever dans la hiérarchie sociale.

C'est ici que l'Etat, pour la première fois, on peut le dire, apparaît sur la scène politique comme une chose réelle, ayant une existence propre et avec laquelle le gouvernement est obligé de compter.

Au début, la bourgeoisie a bien soin de confondre sa cause avec celle de la masse des habitants, afin de s'assurer leur indispensable concours contre ses adversaires tout-puissants : la noblesse et le clergé. Ses principales revendications, elle les fait au nom de la nation elle-même, au nom du peuple tout entier ; l'abolition des privilèges, l'égalité des droits, elle les poursuit dans l'intérêt général, dans l'intérêt de tous les citoyens sans exception ; et c'est ainsi que, pour conquérir dans la direction des affaires une place qu'elle se croyait due à elle seule, elle soulève une puissance inconnue jusqu'alors, l'État, et se met à sa tête pour la première grande bataille entre lui et le gouvernement.

Après la victoire, le tiers-état pensait s'installer au pouvoir à l'exclusion de ses alliés des classes inférieures, en se substituant ou s'adjoignant aux deux autres classes qu'ils avaient combattues ensemble. Ce n'eût toujours été qu'un gouvernement de parti, puisqu'il n'aurait représenté encore que des classes restreintes de la société, qu'une minorité dans le pays. Quant au pays lui-même, à l'État, il serait retombé purement et simplement sous la dépendance du gouvernement nouveau, et il n'en aurait pas plus été question que s'il n'eût jamais révélé son existence et sa force. Mais la vraie nation, la masse du peuple ne l'entendait pas ainsi ; elle n'entendait pas être si lestement congédiée, comme un valet dont on s'est servi et dont on n'a plus besoin.

La bourgeoisie comptait bien, dans ses rangs, quelques hommes généreux qui n'avaient pas ces tendances mesquines, égoïstes, et aspiraient loyalement à constituer, pour le bonheur de tous, la nation entière en État indépendant et libre sous le régime fédératif. Ces hommes, illustrés à la Convention nationale sous le nom de Girondins, ont travaillé à cette grande œuvre avec la plus courageuse persévérance. Malheureusement ils ne trouvèrent pas d'appui parmi

les autres membres de leur classe, et leur origine
bourgeoise les faisant confondre avec ces derniers par les hommes du parti populaire, ils
devaient fatalement disparaître devant l'aban-
don des uns et la suspicion des autres.

C'est ce qui est arrivé. Le parti populaire
formé sous les noms de Montagnards et de Jacobins, crut devoir prendre, pour mieux les
combattre, le contrepied du système de ses adversaires ; il se fit autoritaire et centraliste, et la
lutte entre les deux principes : centralisation ou
gouvernement fort, et fédération ou État libre,
recommença plus acharnée, plus terrible. La liberté a fini par succomber avec les Girondins, et
un instant le nouveau parti est resté seul maître
de la place.

La première action de ce parti fut d'abandonner les voies républicaines et de suivre la routine
monarchique, en rétablissant par la constitution
du comité de salut public la suprématie du
gouvernement sur la représentation nationale,
sur la volonté du pays, c'est-à-dire en absorbant l'Etat, en l'annulant à son profit. Il n'a pas
su rompre avec les préjugés aristocratiques du
passé ; renoncer à n'être qu'un groupe de parvenus, pour devenir la nation ; se transformer,
se généraliser, en s'identifiant avec elle. Il est
demeuré une simple faction triomphante s'im-

posant au grand nombre. C'était une reculade, reculade sinistre qui peut avoir une excuse, — je le reconnais, — dans les circonstances critiques du moment, mais qui a été fatale à la marche du progrès. Le nouveau gouvernement de parti s'est trouvé entraîné, comme ses prédécesseurs, à ne voir l'intérêt du pays que dans celui de ses partisans et à sacrifier, de bonne foi sans doute, le premier au second. Son vice originel ne lui permettait pas mieux de comprendre les réformes susceptibles de réparer les torts de la société envers les travailleurs.

Aussi, abandonné par les hommes plus avancés de la classe plébéienne, par les réformateurs déçus dans leurs espérances, ce gouvernement n'a-t-il pas tardé à succomber sous la coalition des classes privilégiées ; et celles-ci, débarrassées déjà de l'élément généreux que représentaient dans leur sein les victimes de la faction jacobine, n'ont plus rencontré d'obstacle à leurs projets réactionnaires. S'emparant à leur tour du formidable instrument conservé par des adversaires aussi maladroits que terribles « la centralisation », elles réussirent bien vite à s'affermir dans leurs précédentes positions, modifiées d'après ce qu'on appelle les principes de 1789. Alors le gouvernement, avec le directoire, a recommencé de plus bel à ne représenter que des partis dans la société et non l'Etat social tout entier.

Les choses ainsi réglées sont restées, quant au fond, à peu près les mêmes sous le premier empire, sous la restauration et sous la royauté de Juillet. La seule différence remarquable, c'est que le parti dominant finit par se composer, des trois ordres fusionnés de la noblesse, du clergé et de la bourgeoisie; et que la lutte pour le pouvoir, au lieu de se produire entre des classes sociales bien tranchées, se passait entre de simples fractions d'une même classe formée des trois précédentes sous le nom de classe dirigeante; mais cette lutte, malgré son caractère nouveau, n'aboutissait pareillement qu'à constituer des gouvernements de parti, absorbant l'Etat comme par le passé, pour exploiter son nom à leur profit exclusif.

En 1848, l'Etat a reparu sous la forme d'une assemblée élue par le suffrage universel; mais son règne n'a pas été de longue durée. Le gouvernement qui, au premier moment, avait eu la prudence de se faire petit, de se montrer plein de bonne volonté devant l'Etat tout-puissant, et à qui celui-ci avait eu la sottise de laisser l'arme perfide de la centralisation, n'a pas tardé à reprendre, avec le pouvoir exécutif reconstitué, avec la présidence de la République, avec le deuxième empire, ses attributs et ses procédés

autoritaires. Il a fait aussitôt rentrer dans
l'ombre son trop confiant rival, et l'a réduit de
nouveau au rôle d'une dérisoire et servile représentation nationale.

A la chute du deuxième empire, le gouvernement ne s'est nullement modifié ; il n'a fait que
changer de main, c'est-à-dire de parti. Sous le
pseudonyme de gouvernement de la Défense
nationale, il a continué à n'avoir d'autre règle
que sa volonté ; il n'a pas même daigné s'aper-
cevoir qu'en dehors de lui, il y avait en France
un Etat, une nation dont les vœux, dans ce
moment surtout, pouvaient être bons à con-
naître et à respecter.

Rentré en scène par la voie des élections générales de 1871, l'Etat n'a pas joui un seul instant de la liberté complète de ses mouvements.

L'Assemblée nationale, ne comprenant pas
son devoir de le représenter pour le défendre et
assurer son indépendance, n'a cessé au contraire
de travailler à le ramener sous le joug de l'un
des partis monarchiques. Mais le parti républicain qui voulait, lui aussi, le tenir à sa discré-
tion, a fini par avoir le dessus et se rendre
maître de la position.

Pour autant, il n'y a pas grand'chose de
changé dans les affaires au point de vue de l'Etat.
Celui-ci, grâce encore à cette funeste centralisa-

tion à laquelle on n'ose toucher, n'en est pas
moins resté à la merci du gouvernement. Seulement ce sont les diverses nuances du parti
républicain, au lieu de celles du parti monarchique, qui s'en disputent aujourd'hui la possession et la direction.

Cependant je dois constater, pour être juste,
un avantage considérable dans la situation actuelle : c'est que le suffrage universel, organe
de la volonté nationale et fondement essentiel
de l'Etat, est plus éclairé, plus indépendant
qu'autrefois. Or le suffrage universel, quand il
procède à des élections, est toujours maître de
choisir comme il l'entend ses mandataires,
c'est-à-dire les organes de l'Etat, et par conséquent de modifier la composition de l'Etat de
manière à le soustraire à la tutelle gouvernementale qui l'entrave, à lui rendre la liberté
d'action qui lui est nécessaire pour remplir sa
mission comme représentant, non d'un pays
légal, mais bien de la nation entière, et comme
défenseur, à ce titre, des droits et des intérêts
de tous les citoyens sans exception.

Malgré toutes ces transformations plus ou
moins radicales, il faut reconnaître qu'en fin de
compte la condition de l'Etat ne s'est pas sensiblement modifiée...

.   .   .   .

3.

TROISIÈME PARTIE

Un quatrième État ou Parti ouvrier.

Depuis la conquête du suffrage universel, depuis l'admission de tous les citoyens à l'exercice du droit de vote, on aurait pu croire que nous en avions fini avec l'idée d'un nouveau parti militant, d'un parti s'isolant du reste de la nation, cherchant à s'imposer par la force et prétendant monter arbitrairement à l'assaut des positions sociales; — que nous n'aurions plus affaire qu'à des écoles plus ou moins nombreuses de philanthropes et de socialistes organisées dans le but d'étudier consciencieusement les réformes mûres pour l'application, de travailler à leur gagner des adhérents par la seule persuasion, et d'arriver ainsi, pour les faire triompher, à leur assurer la majorité dans les élections; — qu'au lieu de ces bouleversements périodiques qui n'ont jamais rapporté au peuple que massacres et ruines, nous verrions enfin les améliorations dans le sort des déshérités s'accomplir par les

voies pacifiques, successivement et sûrement ; —
qu'en un mot, il n'y aurait plus moyen, au moment surtout où les tendances sont à la suppression de toute classe dirigeante, de rêver encore
la constitution d'un État dans l'État, d'une caste
faisant échec à la société, d'une minorité en révolte permanente contre la majorité.

Cependant cette idée, plus saugrenue du reste
que menaçante, est venue ces derniers temps à
l'esprit de quelques personnages aventureux et
tapageurs. Elle s'est particulièrement fait jour
au congrès ouvrier national de Marseille et au
congrès régional de Paris. Il a été décidé, dans
ces assemblées, que les prolétaires devaient se
séparer absolument des autres classes sociales
et, sous prétexte que ces classes avaient formé
autrefois trois États à part, se constituer à leur
tour en quatrième État, en parti ouvrier distinct
et hostile, pour s'emparer par tous les moyens,
même par la force, du sol, des capitaux et autres
instruments de travail, en vue de les convertir
en propriété collective.

Les inventeurs de cette énormité invoquent
sans cesse, à l'appui de leur conception, la conduite du tiers-état en 1789. Eh bien ! j'en suis
fâché pour eux, l'exemple porte complètement
à faux ; car les situations ne sont nullement
les mêmes : la bourgeoisie avait à consolider

des avantages matériels et à acquérir des droits
politiques, et le prolétariat a, au contraire, à consolider des droits politiques et à acquérir des
avantages matériels. D'nn autre côté, la bourgeoisie était depuis longtemps prête pour la
lutte ; elle possédait dans ses richesses le nerf de
la guerre qui manque totalement à l'autre.

Les principaux serfs de l'ancien régime n'ont
pas agi à la manière des gros bonnets du prolétariat actuel ; ils ne se sont pas dit un beau ma-
tin, sans préparation, brusquement : « Nous
allons nous constituer en tiers-état, en parti
bourgeois distinct des ordres de la noblesse et
du clergé, pour engager ensuite la bataille contre
ces deux ordres. » C'eût été tellement absurde
que la pensée ne leur en est pas même venue.
La position sociale qui leur a permis de prendre
plus tard cette attitude, a été le fruit de longs et
persévérants efforts. Elle leur est venue successivement, naturellement, par la force des choses.
Ils avaient commencé par se substituer petit à
petit au seigneur dans la possession des terres,
par se livrer en dehors de son action à de fruc-
tueuses entreprises industrielles, par s'affranchir
de bien des privilèges, de bien des droits féodaux. Et c'est ainsi qu'en fin de compte ils sont
parvenus à cette puissance qui devait nécessai-
rement les faire reconnaître, dans une société

aristocratiquement hiérarchisée, comme un corps particulier sous les noms de bourgeoisie et de tiers-état, et qui leur a rendu possible une lutte heureuse contre les classes alors maîtresses du pouvoir.

Les prolétaires en sont-ils là? sont-ils parvenus à acquérir des positions qui les constituent en État indépendant et leur permettent de recourir à la force sans trop de témérité? Possèdent-ils les ressources nécessaires pour entreprendre une lutte aussi grave avec quelque chance de succès? Non sans doute, puisque c'est précisément de leur pénurie qu'ils se plaignent. S'ils avaient la folie d'engager le combat dans de pareilles conditions, ils s'exposeraient à un désastre certain; ils courraient de gaieté de cœur se livrer au carnage, à la proscription et à la ruine. Bien loin de travailler à l'amélioration de leur sort, ils ne pourraient aboutir qu'à un épouvantable surcroît de misère. Ce n'est pas là une simple supposition, c'est de l'histoire. Et cependant il se rencontre des hommes assez dépourvus de jugement ou de conscience pour les pousser à cette désolante extrémité.

La différence entre les deux situations ne s'arrête pas aux conditions respectives de la lutte ; elle s'étend en outre à l'objet même de cette lutte : tandis que les prolétaires combattent pour la vie matérielle, les bourgeois combattaient pour la vie politique.

Ceux-ci, devenus riches, n'avaient plus à faire leur position sous ce rapport. Ce qu'il leur restait à conquérir, c'est une place dans le gouvernement du pays. Jusqu'alors la bougeoisie n'avait eu, constitutionnellement du moins, aucun droit à l'administration de l'Etat, aucune part dans le règlement des affaires publiques; de sorte qu'elle n'avait à sa disposition aucune voie légale pour soutenir ses réclamations et se faire rendre justice. Privée ainsi de la faculté de poursuivre pacifiquement l'abolition des privilèges qui s'opposaient à son émancipation politique, elle n'avait d'autre moyen d'obtenir satisfaction que la force. Sans la force, elle demeurait absolument impuissante. Elle était donc parfaitement excusable de songer à en user au besoin, d'autant plus qu'elle ne s'aventurait pas sans le grand, l'indispensable auxiliaire : l'argent.

Cette situation n'a rien de commun avec celle du prolétariat moderne. Au lieu de l'émancipation politique, c'est l'emancipation économique qui est son but. C'est à acquérir une position meilleure, c'est à s'affranchir de la misère que doivent tendre tous ses efforts. Et comme par cela même, ainsi qu'il vient d'être dit, il se trouve dénué des ressources nécessaires pour soutenir à cet effet une lutte violente, il ne peut, à l'instar de la bourgeoisie, songer à recourir à ce moyen extrême. Mais par contre, n'ayant pas comme les bourgeois à conquérir son affranchissement politique, il détient le grand levier qui manquait à ceux-là : le droit de vote, le droit d'entrer dans les conseils du gouvernement et d'y faire prévaloir ses idées. Il est devenu ainsi partie intégrante de l'État, dont il administre les affaires, — qui sont les siennes, — par des mandataires élus, en attendant qu'il puisse les administrer directement.

Pour que cette administration, sous sa forme actuelle, soit conduite dans un sens favorable aux légitimes revendications du travailleur, il suffit à celui-ci d'user avec intelligence de son droit électoral. Qu'il étudie avec un soin plus vigilant les hommes auxquels il est appelé à donner sa confiance, et qu'il ne remette son mandat qu'à ceux-là seuls qu'il sait bien pénétrés de ses besoins les plus urgents et bien résolus à en assurer la satisfaction. C'est ainsi qu'il lui est donné d'arriver pacifiquement et sûrement à obtenir la réforme successive des abus dont il est victime. Quel prétexte alors pourrait-il invoquer pour en appeler aux armes? Aujourd'hui à la différence des anciens bourgeois, il jouit, en principe et sans conteste, des

droits politiques; il ne s'agit plus pour lui que
de les développer, que d'en perfectionner l'exercice, de manière à s'assurer toute l'influence qui
lui est due sur la direction des affaires. En s'in-
surgeant sous un tel régime, il commettrait la
plus énorme des monstruosités, puisqu'il s'insur-
gerait contre l'Etat républicain qui est sa chose,
c'est-à-dire contre lui- même; il compromettrait
bêtement la forte position que ces mêmes droits
lui assurent. Ce ne serait pas seulement révol-
tant, odieux ; ce serait insensé.

Ce n'est pas tout. La bourgeoisie n'avait pas
commis la sottise de dédaigner le concours des
ordres supérieurs. Elle s'était, au contraire,
ménagé de nombreuses intelligences dans leur
rang, avant d'engager la lutte avec eux. Bien
des nobles et bien des prêtres avaient fini par
lui accorder leurs sympathies et leurs encouragements dans ses revendications, et c'est grâce,
on peut le dire, à ces puissants auxiliaires que
l'opinion publique lui fut acquise et que la victoire lui devint plus facile. La tendance des meneurs du prolétariat est tout opposée aujour-
d'hui. Au lieu de chercher à confondre leur cause
avec celle des autres classes, et surtout de la petite bourgeoisie qui, bien que supérieure en
apparence, n'est en fait pas plus heureuse, ils
affectent de s'en séparer avec éclat et arrivent

ainsi à se priver volontairement d'un appui très précieux et peut-être indispensable. Cette force qui leur manque par leur faute constitue, à leur désavantage, une troisième différence avec le tiers-état dont, ici encore, ils ne peuvent invoquer la conduite.

Le prolétariat de 1880 n'est donc dans aucune des conditions des bourgeois de 1879. Il n'a ni les mêmes ressources, ni le même objectif, ni les mêmes procédés, pour prétendre agir à leur manière; et à tous les points de vue, il serait mal venu à s'autoriser de leur exemple pour prêcher la révolution par la force.

Que les collectivistes révolutionnaires soient plus carrés et plus francs dans leurs déclarations! Qu'ils n'aient pas l'air de se prévaloir d'un précédent qui ne leur est nullement applicable, qui s'est produit dans des circonstances toutes différentes, à une époque où les droits civiques étaient un privilège, au moyen de ressources qui leur font absolument défaut et avec l'appoint de concours extérieurs incompatibles avec leurs principes! Qu'ils avouent sans ambages que c'est de leur propre initiative qu'ils osent, sous le régime du suffrage universel, proclamer le droit à l'insurrection! Alors nous saurons à qui nous avons affaire. Nous saurons que nous n'avons devant nous qu'une poignée d'agitateurs ambitieux, qu'une minorité qui prétend ne tenir aucun compte des sentiments de la majorité, se mettre au-dessus de la volonté nationale et fonder ainsi une nouvelle et brutale aristocratie.

Oui, une aristocratie ! Car l'aristocratie n'est pas autre chose qu'une minorité qui s'impose au grand nombre. Or, le parti ouvrier ou quatrième État que les révolutionnaires prétendent organiser ne serait et ne pourrait être qu'une minorité dans la nation ? Autrement, il ne sentirait pas le besoin, pour triompher, de se dire, avec tant d'éclat, prêt à recourir à la violence. En se posant ainsi en état militant, il avoue lui-même qu'il n'aurait pas la majorité pour lui et qu'il ne compte la gagner que par la contrainte, par les procédés autoritaires, aristocratiques.

Il est vrai que les promoteurs de cette organisation révolutionnaire se réclament partout et toujours de la liberté, de l'égalité, avec la fédération pour garantie. Mais ce n'est là qu'une vaine parade. La nature même de leur entreprise donne un démenti formel à leurs paroles. Que serait, en effet, leur parti militant, maintenu systématiquement à l'écart du reste de la société ? Ce serait, au suprême degré, un État dans l'Etat, un État particulier en révolte contre l'Etat national, une coterie d'intrigants n'aspirant qu'à supplanter leurs rivaux au pouvoir, une caste d'égoïstes cherchant à s'emparer du gouvernement pour dominer et exploiter le pays à leur tour. Et la preuve, c'est qu'ils observent ponctuellement la façon d'agir des despotes et apprentis despotes de tous les temps : si les autres partis les gênent, ils s'arrangent pour les surprendre et les écraser ; si le sentiment général les gêne, ils s'arrangent pour l'étouffer ou le maîtriser ; si l'État constitué les gêne, ils s'arrangent pour l'absorber, pour l'annuler, pour le supprimer. Alors, débarrassés de toute concurrence et de tout contrôle, ils n'ont plus d'autre règle que leur caprice, et sous prétexte, toujours, de vouloir le bien de la nation mieux qu'elle et même malgré elle, ils s'évertuent à lui imposer leurs utopies les plus désastreuses. Mais un pareil régime ne s'implante pas sans recours à la force ; il suppose l'arbitraire le plus absolu, la centralisation la plus tyrannique. Que deviennent dans tout cela les grands principes de liberté, d'égalité, d'union fédérative ! et que penser des ambitieux, qui, tels que les promoteurs du parti ouvrier, osent les invoquer en tramant leurs complots ? — Ils auront beau s'en défendre, ils ne seront jamais que ce qu'ont fini par être les Jacobins, leurs patrons : des centralistes, des autoritaires, des aristocrates.

Les hommes généreux qui, sans préoccupation personnelle, travaillent sérieusement au progrès de l'humanité, ne peuvent que repousser toute constitution d'un parti nouveau, fût-il ouvrier, ou d'un État nouveau, fut-il quatrième. S'il ne s'agissait que d'un parti de propagande, ou plutôt d'une école ne cherchant à répandre ses doctrines que par la parole et par la presse, ne comptant pour s'attirer des partisans que sur la persuasion, n'attendant le succès que de l'acquiescement d'une majorité consciente, rien de plus légitime, rien de plus conforme au droit et à la liberté. Mais un parti militant, organisé pour le combat, et qui prétendrait s'imposer par la force! jamais! Ce serait une pépinière d'aristocrates et d'exploiteurs.

Qu'est-ce que les ouvriers gagneraient à prêter leur concours à un semblable parti, à le mettre ainsi à même de tenter un coup de main? Je ne veux pas m'arrêter au cas à peu près certain d'un insuccès. Les ouvriers connaissent trop bien, par de nombreux et terribles exemples, les horreurs auxquelles ils seraient livrés, eux les entraînés et par conséquent les moins coupables; tandis que leurs chefs, les grands meneurs, auraient eu soin de s'esquiver à temps, si même ils n'avaient réussi à se ménager une place dans le camp vainqueur.

Mais supposons par impossible, que la victoire reste au parti ouvrier militant. La grande masse, au nom de laquelle et au moyen de laquelle ce parti aura combattu, en profitera-t-elle ? — L'histoire en main, on peut répondre hardiment : non.

Prenons le grand exemple fourni par la Révolution de 1789. Qu'est-ce que la petite bourgeoisie : petit fabricant, petit cultivateur, petit boutiquier, petit employé, etc., a gagné en bien-être matériel à cette révolution faite, avec le concours du peuple, par le tiers-état tout entier? Est-ce que la haute bourgeoisie terrienne, industrielle, financière, nouvelle aristocratie parvenue au pouvoir, ne s'est pas alliée à l'ancienne aristocratie pour exploiter de compte à demi cette petite bourgeoisie, aussi bien que la classe ouvrière?

En admettant une révolution triomphante au nom du quatrième Etat, qui oserait garantir que les gros bonnets de ce quatrième Etat n'en useraient pas d'une manière absolument semblable? Si le parti se récriait contre cette hypothèse, sous prétexte qu'elle est toute gratuite et qu'il saurait bien en empêcher la réalisation, je lui répliquerais :

« Non, vous ne le sauriez pas; cela vous est

défendu. A raison même de l'origine vicieuse de
votre succès, la violence, vous auriez affaire à
une majorité qui, vaincue par surprise, serait
aigrie de sa défaite et toujours prête à la rébel-
lion; et, comme de plus vos brusques transformations sociales n'auraient pas son assentiment,
vous seriez obligés de rester perpétuellement
sur le *qui-vive*, et de soutenir quand même vos
chefs dans la lutte incessante à laquelle ils seraient condamnés. Mais ces chefs, ces gros bonnets, seraient impuissants, même avec votre
concours, de vous qui ne représentez qu'une
minorité, à résister avec un constant avantage
à la grande masse des récalcitrants; et en leur
supposant même les meilleures intentions du
monde, ils seraient fatalement entraînés, pour
rétablir leurs chances, d'accepter les alliances,
les plus compromettantes, celles de ces personnages habiles qui, appartenant aux partis vain-
cus, sont toujours prêts à apporter leur appui
conditionnel au vainqueur. Or, ils n'ignorent pas
sans doute les suites inévitables des ces sortes
d'alliances : ou se faire les compères des exploiteurs en entrant dans leurs rangs, ou devenir
leurs victimes en s'attirant leur haine. S'ils ne
les ignorent pas, ne pourrait-on pas croire que
c'est plutôt la première perspective qui les a
tentés, qui a été leur mobile? Le caractère es-

sentiellement aristocratique de leurs procédés
ne laisse guère de doute à cet égard. Mais alors
ce seraient leurs trop naïfs complices qui de-
viendraient les victimes de l'implacable réaction. Voilà comment le haut prolétariat, imi-
tant la conduite de la haute bourgeoisie à
l'égard de la petite bourgeoisie, serait amené
par la force des choses à lâcher les malheureux
du petit prolontariat, et comment ceux-ci n'arriveraient jamais à se ressentir que des désastres
engendrés par les révolutions.

De toutes manières donc, il serait insensé aux
vrais travailleurs de s'aventurer dans des entreprises aussi extravagantes. Si elles ne réussissaient pas, — ce qui est le plus à croire, —
ils seraient livrés à toutes les horreurs d'une
vengeance sans merci, à laquelle leurs meneurs, eux, sauraient bien échapper; et si par
hasard elles réussissaient, — reniés forcément
de leurs meneurs parvenus, ils redeviendraient,
après avoir passé par un surcroît de suffrances,
Gros-Jeans comme devant.

Les travailleurs sont trop éclairés aujourd'hui
pour se laisser entraîner à ce rôle de dupes,
pour servir de marchepied à quelques ambitieux sans scrupule, pour s'affilier à un parti de
combat qui ne peut leur rapporter que des mi-
sères plus grandes.

Ils préféreront suivre la voie plus efficace et moins périlleuse qui leur a été ouverte par la conquête des droits politiques. Ils se serviront du suffrage universel qui peut les mener pacifiquement à tout, et ils n'hésiteront pas, pour hâter l'avènement d'une majorité favorable et, par suite, l'amélioration progressive de leur sort, à accepter le concours des tous les hommes généreux et loyaux des autres classes de la société. Ils se diront que, la jouissance du droit de vote faisant d'eux des membres de l'Etat ou, mieux, l'Etat même, puisqu'ils sont les plus nombreux, ils seraient bien simples de s'amoindrir en se réduisant à n'en être qu'une fraction sous le nom de quatrième Etat, et de se lancer contre le vrai Etat dans une guerre qui serait de leur part un suicide, qui ne pourrait aboutir qu'à leur propre ruine opérée de leurs propres mains. Ils voudront au contraire rester ce qu'ils sont : l'Etat, — l'Etat par excellence, se tenant au-dessus de toutes les coteries, de toutes les castes, de toutes les classes autoritaires et centralistes, au lieu de se laisser absorber, annuler par elles; rappelant au devoir tous les partis qui prétendent former dans son sein des Etats distincts et menaçants, au lieu de se résigner à subir leurs volontés arbitraires; réglant enfin souverainement ses affaires au mieux des intérêts de tous, au lieu de permettre à ces partis de les gouverner à son détriment.

Alors la classe ouvrière sera l'égale des autres classes, libre comme elles, puissante avec elles ; ou plutôt, toutes ensemble, fusionnées, n'en ferons plus qu'un. Alors les ouvriers auront toute la force nécessaire pour assurer, sans secousses, sans déchirements, l'application du droit et de la justice, le redressement des torts dont ils ont été jusqu'ici victimes, l'amélioration sérieuse de de leur condition et, dans un temps plus ou moins rapproché, leur relèvement définitif comme hommes et comme citoyens.

QUATRIÈME PARTIE

Protestations relatives au quatrième État militant.

Les idées qui viennent d'être exposées au sujet du progrès pacifique, successif, légal, sont comprises aujourd'hui par le plus grand nombre des ouvriers. Depuis qu'ils ont à leur disposition le bulletin de vote, ils se rendent mieux compte des dangers qu'il y aurait pour eux à s'engager dans la voie des luttes violentes. Ils n'entendent pas sans doute se résigner à subir éternellement le sort inique et misérable auquel ils sont réduits depuis des siècles ; mais ils sentent que ce n'est pas en s'isolant des autres classes de la société, en formant un parti distinct et hostile, en faisant appel à la force brutale, qu'ils arriveront plus sûrement à conquérir l'indépendance et le bien-être. Ce qui prouve que tel est bien leur vrai sentiment, ce sont les protestations qui s'élèvent de toute part contre les doctrines intempérantes et ultra-révolutionnaires de quelques-uns d'entre eux. Pour permettre aux lecteurs d'en juger par eux-mêmes, je vais citer celles de ces protestations qui sont parvenues à ma connaissance. Elles se rapportent au congrès national de Marseille (octobre 1879) et au congrès régional de Paris (juillet 1880).

§ I. — *Résolutions du Congrès ouvrier national de Marseille.*

1. — La première protestation collective que j'aie à signaler s'est produite au sein du congrès de Marseille sous la forme d'une motion d'ordre. Elle avait réuni plus de trente signatures, parmi lesquelles celles de MM. Dauthier et Scholastique. C'est M. Scholastique qui en a donné lecture à la séance du 27 octobre 1879. Cette protestation a disparu dans un moment de confusion, sans qu'on ait pu la faire joindre au procès-verbal. En voici le texte :

Les soussignés, délégués au congrès ouvrier socialiste de Marseille,

Considérant que le mandat qui leur a été donné consiste à étudier les moyens pratiques d'améliorer par des décisions et des vœux la situation actuelle du prolétariat tout entier,

Considérant que leur but est d'amener à bien et avec dignité le résultat moral de notre congrès,

Par ces considérants, déclarent laisser toute la responsabilité des faits regrettables qui se produisent, à ceux qui, par leur procédé, font le jeu de nos adversaires, en jetant la déconsidération sur le congrès.

2. — Un journal rapporte que, dans la huitième séance, MM. Vachier et Garmy ont déclaré qu'ils étaient opposés à la doctrine révolutionnaire, et qu'ils repoussaient l'idée de la formation d'un parti ouvrier « qui serait plutôt nuisible qu'utile dans l'Etat... qui entraînerait une perturbation regrettable. »

Ces délégués ont rédigé, sous la date du 31 octobre 1879, une note ainsi conçue :

Les soussignés, délégués des travailleurs de Clermont-Ferrand au congrès ouvrier de Marseille, déclarent répudier, avec tout le mépris qu'elles inspirent, les théories adoptées sur la 7e question traitant : « de la propriété », et ont cru de leur dignité de quitter l'assemblée, afin de n'être pas considérés comme complices de ces insanités.

3. — Protestation signée le lendemain de la clôture du congrès par vingt et un délégués :

Les soussignés, délégués au congrès ouvrier socialiste de Marseille, n'ayant pu, par suite du mode de vote pratiqué par le congrès pour conclure sur les questions soumises à leur approbation, exprimer leur opinion sur certaines de ces conclusions, qu'ils croient impraticables et nuisibles à la cause des ouvriers, et réprouvant les manifestations révolutionnaires violentes qui se sont produites, déclarent dégager leur responsabilité et invitent les chambres syndicales à réserver toute leur indépendance et à ne tirer profit que de ce qu'elles croient utiles à leur corporation.

> Scholastique, gantier de Paris ; Schickler, typographe de Marseille ; Auguste Chartier, délégué des maçons de Nîmes ; Teissier de Nîmes ; Ch. Bonne, du Nord ; Serre, tourneur-mécanicien de Marseille ; Ferrand, chapelier de Paris ; Prat, tanneur et corroyeur de Lyon ; Léon Loir, d'Alger ; Reghin, du Nord ; Delforterie, de Lille ; Carriou de Toulon ; Clément Mathieu, papiers-peints de Paris ; Becchlar, de Paris ; Rousselet, de l'Union des syndicats de Bordeaux ; Delmas, des ouvriers tanneurs de Marseille ; A. Nonorgue, du Havre ; Daulon, de Paris ; Delfaud, des typographes de Bordeaux ; Irénée Dauthier, sellier de Paris (Travailleurs et Amis de la Paix) ; Albert Couvreur, délégué d'Agen.

Mademoiselle Louise Tardif, déléguée de Marseille, a écrit au *Radical* de cette ville qu'elle joignait son nom à ceux des vingt et un signataires de cette protestation.

On lit dans le *Rappel*, du 12 novembre 1879 : « Marius Leven, délégué des colleurs de papiers peints de Marseille, nous prie de l'inscrire parmi les signataires de la protestation publiée le lendemain de la clôture du congrès. »

Enfin, M. Talma Laffore, délégué d'Agen, a écrit le 6 novembre à la *Constitution* de cette ville qu'il avait fait adhésion à la protestation des vingt et un délégués et que son nom doit figurer dans la liste.

4. — Protestation de M. Gouttes, chaudronnier-mécanicien, délégué par le cercle de l'*Alliance des Travailleurs* de Toulon :

Le soussigné, membre du congrès ouvrier de Marseille, proteste contre les conclusions adoptées par le congrès, comme étant contraire à l'intérêt de la classe ouvrière et de la République.

Toutes les revendications justes et équitables pouvant être obtenues par le suffrage universel, dont les moyens violents sont la négation ;

Il réprouve énergiquement les appels à l'émeute qui ont été formulés dans les séances, car il considère que les vrais amis de la classe ouvrière sont ceux qui donnent le moyen d'améliorer la situation des familles, tout en conservant le mari à l'épouse et le père aux enfants, et non ceux qui préconisent la violence pour atteindre un résultat, qu'ils ne peuvent définir....

5. — Le *Petit National* du 8 novembre annonce que :

« Mille ouvriers de Chambéry font savoir qu'ils n'ont donné mandat à personne de les représenter au congrès et qu'ils saisissent cette occasion pour affirmer que, *loin de faire scission avec la bourgeoisie, tous leurs efforts tendent à grouper les nuances du parti démocratique dans l'union la plus étroite, afin de consolider le gouvernement républicain.* »

6. — La *Gironde* a publié la protestation suivante :

La chambre syndicale des ouvriers plâtriers de la ville de Bordeaux répudie hautement les théories

émises au congrès de Marseille par les citoyens Roche,
Fournière et consorts. Désireuse de rester dans les
limites du droit d'association et de réunion, elle
n'entend pas les suivre dans la révolte à main armée
qu'ils proclament. Elle considère que l'emploi de pa-
reils moyens aurait pour résultat de désorganiser la
famille et de priver les enfants du fruit des économies
amassées par le travail du père.....

J. Thomas. — Merlon. — Aulard. — Bégué.
— Bèze. — Forestier. — Ch. Bourdin. —
Laport. — Bonnet. — Rondan. — Coudert.

7. — Nous reproduisons, d'après le *Rappel* du
17 novembre 1879, une déclaration ainsi conçue :

« Nous soussignés, ouvriers mineurs du bassin de
Trets, ayant adhéré au congrès ouvrier de Marseille,
déclarons répudier toutes les doctrines qui ont été
émises dans cette assemblée tendant à créer un parti
ouvrier en dehors du parti républicain.

» Nous affirmons hautement ne vouloir séparer,
dans aucun cas, nos intérêts de ceux de la République et des républicains.

» Suivent les signatures de tous les adhérents. »

8. — Le procès-verbal d'une réunion des ouvriers cordonniers de Bordeaux constate que
cette corporation répudie :

Les doctrines insensées qui se sont produites au
congrès ouvrier de Marseille, et que, comptant uniquement sur le progrès de l'instruction et sur les ef-
fets de la solidarité développée par les associations
ouvrières, elle ne s'associe pas aux revendications
brutales et menaçantes de ceux qui prétendent résoudre les questions sociales par la violence.

9. — Ordre du jour adopté à l'unanimité par l'assemblée générale des ouvriers selliers de Paris, dans la séance du 15 février 1880 :

L'assemblée voulant protester contre les théories émises au Congrès de Marseille, par un groupe se disant collectiviste-révolutionnaire, approuve le citoyen Dauthier qui les a combattues et lui vote des remerciements pour son attitude et ses travaux.

10. — M. I. Lelièvre, ancien ouvrier mécanicien, à Reims, a publié dans l'*Indépendant rémois* (mai 1880), une remarquable étude sur la question des retraites ouvrières. Il vient d'en faire part au président du groupe d'initiative, M. Copoix, qui a bien voulu me la communiquer. Cette étude se termine par une déclaration très nette et très ferme contre les théories violentes de certains congrès. Je suis heureux que cette déclaration me soit parvenue à temps pour pouvoir être reproduite ici :

Je termine en exprimant un vœu, dit M. Lelièvre : ce serait de voir les ouvriers organiser un vaste pétitionnement pour réclamer la fondation... (d'une caisse de retraites pour les vieux travailleurs), institution humanitaire qui serait bien autrement féconde en résultats merveilleux que le partage de la propriété industrielle et rurale, prêchée par les collectivistes révolutionnaires, héritiers misérables du socialisme impérial, socialisme de commande et soudoyé pour les besoins d'une cause aux abois, spectre rouge nouveau système qui, à un moment donné, pousserait les effarés à réclamer le sabre d'un sauveur.

11. La chambre syndicale des ouvriers menuisiers de Perpignan (29 août) envoyé au *Républicain des Pyrénées-Orientales* une lettre dont nous extrayons les passages suivants :

Nous protestons contre les théories qui tendent à fausser les vrais sentiments du prolétariat et à entraver la marche vers le progrès des classes laborieuses.

Nous sommes parfaitement persuadés que nous arriverons, progressivement, à résoudre la question sociale par les moyens légaux, et non par la violence. Et nous avons entière confiance dans le suffrage universel, qui par les moyens de l'instruction et de l'union des travailleurs, cessera bientôt d'être qualifié « un leurre. » La classe ouvrière ne se laissera ni endormir par ceux qui, dorénavant, voudraient la faire pivoter sur place ; ni entraîner par les agissements de ceux qui, soit pour satisfaire leur ambition ou assouvir leurs rancunes personnelles, n'hésitent pas, par leurs extravagances, à compromettre les progrès obtenus jusqu'ici avec tant de difficultés.

Parmi ceux qui s'abritent, dans un but quelconque sous les synonymes d'opportunistes, de radicaux ou d'intransigeants, etc., les prolétaires ne reconnaîtront que les *républicains vraiment sincères*, qui se dévoueront sans arrière-pensée à l'affermissement de la République et à l'émancipation des travailleurs.

Pour les membres de la chambre syndicale des ouvriers menuisiers,

Le président, PAUL MIR ; le vice-président VICTOR MARTY ; le secrétaire, JEAN SALVAT.

Les membres du conseil syndical :

Sans, Pierre Laguerre, Joseph Boher, Joseph Masvezy, Jean Philibert, Jacques Cortès, C. Pourhomme, G. Bouchan, Emmanuel, Jean Boulet, François Gateu, Michel Ferlache, Pierre Taja, Henri Flament, Martin Armingaud.

§ 2. — *Résolutions du congrès régional du centre.*

12. — Les protestations concernant spécialement le congrès régional du centre tenu à Paris n'ont pas été moins fermes et moins précises. L'une des plus importantes est celle qui a été lue dans la deuxième séance du congrès (18 juillet 1880), par M. Drouet, ouvrier voilier et délégué du Havre. En voici quelques passages :

Délégué, représentant de l'Union fédérative havraise, mandaté par quinze chambres syndicales, je viens, au nom de mes mandants, protester contre les doctrines révolutionnaires et les excès de langage produits hier à cette tribune. . . . . . .

Au nom des ouvriers havrais que je représente, je déclare protester :

Contre toute action révolutionnaire collectiviste faite ou tentée par la force ; par cette raison que nous possédons des moyens plus pratiques sans aller les chercher dans vos théories brutales ou vos utopies ridicules, les seules pratiques selon vous (que ce soit pétrole, dynamite ou picrate de potasse). . . . . .

Vous voulez que nous vous suivions. Non, mille fois non ! car nous pensions assister au développement de théories pratiques conformes à la saine raison, et vous venez nous demander de vous aider à faire triompher des utopies absurdes el malsaines.

Citoyens, au nom des ouvriers du Havre et de tous ceux qui, librement, sans se cacher, veulent arriver au progrès par le droit et la justice, nous répudions vos principes, et avant de quitter cette tribune, je tiens à déclarer que moi, Ernest Drouet, ouvrier voilier, délégué du Havre à ce congrès, je proteste par cette déclaration et je me retire.

13. — Adresse (aux ouvriers du Havre) de la chambre syndicale des ouvriers cotonniers de Lillebonne, votée à l'unanimité le mardi 3 août :

Citoyens,

Les ouvriers cotonniers de Lillebonne ont suivi avec le plus vif intérêt les incidents qui se sont déroulés devant le congrès régional de Paris.

Ils connaissent le programme que vous y avez envoyé défendre par le citoyen Drouet, qui s'est acquitté noblement de son devoir, et ils savent maintenant que les idées de progrès et de justice qui sont dans le cœur de tous les ouvriers français ont trouvé en vous de vrais et sincères défenseurs ; merci, citoyens, au nom de tous les travailleurs de la vallée, qui approuvent votre programme et se joignent à vous pour adopter une conduite commune en vue de marcher, pacifiquement, à la conquête des libertés nécessaires à notre avenir, qui est inséparable de celui du pays.

Comme vous, nous repoussons le *quatrième Etat*.....

Rien n'ébranlera notre foi dans le suffrage universel et dans la République, qui nous aidera à surmonter les difficultés du présent et nous garantira la paisible possession des améliorations que nous conquerrons dans l'avenir.

Tous ceux qui prêchent la révolte et osent encore nous parler de l'emploi du fusil pour refaire la société sont des fous ou des traîtres. Nous nous séparons absolument d'eux et nous répudions leurs doctrines parce que nous ne voulons pas qu'on puisse jamais nous compter au nombre de ceux qui font le jeu de toutes les réactions. . . . .

Le président, CHOINE.

Les assesseurs, LEMONNIER et PELTIER...

14. — Texte de la protestation insérée dans le *Bien public* de Dijon :

Cejourd'hui 26 août 1880, les chambres syndicales et associations ouvrières de Dijon, réunies en assemblée et représentées par les délégués soussignés, après avoir entendu lecture du programme élaboré par le congrès régional révolutionnaire socialiste de Paris, repoussent, à l'unanimité des chambres présentes, les théories qu'il contient, et après avoir entendu lecture de la protestation et du programme du citoyen Drouet, ouvrier voilier, délégué des chambres syndicales du Havre, appuient à l'unanimité cette protestation et approuvent ce programme, dont elles souhaitent la réalisation complète le plus tôt possible.

Ont signé :

Pour les chambres syndicales : Louis Blavot, Louis Clément, typographes ; Antoine Chuchetet, G. Degoux, métallurgistes; H. Cosson, V. Thibault, comptables ; E. Gautherot, Louis Ladresse, ouvriers approprieurs chapeliers de Dijon ; Louis Gouget, J.-Aug. Poupon, relieurs; Mourey, D. Petot, garçons limonadiers ; Duriaud, tailleur d'habits.

Pour la Société de secours mutuels des chapeliers de Dijon : L. Chandanson. C. Lanchy, chapeliers.

15. — Ordre du jour voté *à une très forte majorité* par l'assemblée générale des chambres syndicales ouvrières du Havre, dans la réunion plénière du 25 août 1880 :

L'assemblée,

Après avoir entendu la lecture du compte rendu présenté par le citoyen Drouet sur les travaux du congrès régional de Paris, auquel il a assisté en qualité de délégué des chambres syndicales ouvrières du Havre,

Considérant que le citoyen Drouet, justement ému des théories émises par des délégués pour la plupart anonymes, — théories qui ne tendaient rien moins qu'à supprimer le suffrage universel et à préconiser l'emploi du fusil pour arriver à constituer un *Quatrième Etat* reposant sur la collectivité du sol, soussol, etc., — a protesté énergiquement contre cet appel à des violences dont les conséquences seraient fatales à la République ;

Considérant que le délégué du Havre, en agissant ainsi, a été l'interprète des sentiments unanimes des ouvriers du Havre, qui mettent tout leur espoir dans le suffrage universel, base de la République,

Décide :

Les ouvriers du Havre approuvent la conduite du citoyen Drouet au congrès régional de Paris, et lui adressent leurs plus vives félicitations.

Le président, NONORGUE.

Les assesseurs, LYONNAIS et LEMAITRE.

16. — Passage principal de la déclaration lue par les citoyens Jardin et Anselme, délégués de la chambre syndicale du bronze, dans l'avant-dernière séance du congrès régional de Paris :

Nous tenons à ce que l'on sache que l'immense majorité des travailleurs composant la chambre syndicale des ouvriers du bronze proteste contre ces appels à la force, contre ces provocations à la guerre civile.

En préconisant de pareilles idées, nous sommes persuadés que vous faites, inconsciemment sans doute, une vilaine besogne, que vous commettez une mauvaise action.

Nous avons pour la République un amour profond. C'est vous dire que nous serions prêts à combattre ceux qui auraient l'intention de la renverser, quel que soit le nom qu'ils prennent, qu'ils soient monarchistes ou qu'ils se disent anarchistes.

N'est-ce pas avec un serrement de cœur, citoyens, que vous avez entendu ici des hommes vouloir que l'on substitue la dynamite à la légalité, le peloton d'exécution à la persuasion ?

Ne se rappellent-ils pas que dans les révolutions, c'est toujours dans nos rangs qu'on trouve le plus grand nombre de victimes? Qu'ils songent aux milliers de veuves, d'orphelins, à ceux qui, s'ils ne perdent la vie, perdent, ce qui est pire encore, pour longtemps, si ce n'est pour toujours, leur patrie, leur famille, leurs amis.

Quelques-uns d'entre vous repoussent le suffrage universel.

Nous, au contraire, c'est là que nous voyons le salut.

Lorsque l'instruction sera répandue à profusion, nous obtiendrons, avec le bulletin de vote et en choisissant parmi nous les plus honnêtes et les plus capables pour nous représenter, les réformes que nous sommes en droit d'attendre.

Nous les obtiendrons, ces réformes, sans effusion de sang, progressivement, ce qui fait qu'elles seront immuables. Vous voyez que nous sommes plutôt évolutionnaires que révolutionnaires, lorsque nous sommes en République.

La chambre syndicale des ouvriers du bronze, dans son assemblée générale du 29 août 1880, a votée à l'unanimité, moins 5 voix, l'ordre du jour suivant :

L'assemblée approuve le rapport lu au congrès régional par les délégués Anselme et Jardin, et passe à l'ordre du jour.

17. — Protestation de M. Coffignon, l'un des

trois délégués de la chambre syndicale de la bijouterie-or.

Ce délégué a fait insérer dans le journal *La Lanterne* une protestation contre les théories collectivistes révolutionnaires soutenues au congrès régional de Paris. Il a donné pour motif qu'une très minime partie des membres de la chambre syndicale (une quarantaine environ) ayant pris part au vote qui l'avait nommé ainsi que ses collègues, il ne devait pas engager cette chambre composée de cinq cents adhérents. Les deux autres délégués au contraire ont cru pouvoir considérer ce vote comme suffisant.

§ 3. — *Valeur du mandat des délégués en général.*

18. — Passons à un autre ordre de protestations, à celles qui, comme la précédente, contestent le mandat d'un certain nombre de délégué. L'une des plus significatives a été formulée par M. Marius Schickler, ouvrier typographe de Marseille, dans son excellent *Rapport sur le troisième congrès ouvrier de France.*

Des éléments mauvais, porte ce *Rapport,* pour ne pas les désigner autrement, des délégués n'émanant pas de milieux ouvriers, sans mandat ou du moins ayant celui d'empêcher toute discussion utile et calme, un délégué *indépendant,* même, avaient pu s'immiscer au sein du congrès, (par le fait de quelques-uns des membres de la commission d'organisation)... — Comme ces membres n'appartenaient à aucune chambre syndicale, ils constituèrent des soi-disant *groupes d'études sociales.* Ces groupes, d'après leur dire, ne peuvent pas être composés de plus de vingt et un membres sans encourir la rigueur des lois, parce qu'ils ne sont régis par aucuns statuts, ni programme. Celui auquel appartenaient les dits membres de la commission ne comptait que dix-sept personnes et n'existait que depuis cinq à six mois, c'est-à-dire semblait avoir été créé pour la circonstance. Néanmoins, pour un groupe d'aussi minime importance, ils crurent devoir désigner quatre délégués..... Les membres de la commission, qui s'étaient donné le droit de délivrer des cartes aux délégués, ne pouvaient pas exiger plus de garantie de certains membres du congrès qu'ils n'en présentaient eux-mêmes individuellement... Quoi qu'il en soit, ces hommes, une fois dans la place, ne négligèrent rien pour faire prévaloir leur système, qui devait faire dévier le congrès du but qui lui était naturel.

19. — Extrait d'une lettre du 4 novembre 1879, adressée au *Petit Marseillais* par l'un des signataires de la protestation n° 3, M. Cariou, ouvrier tailleur de Marseille :

Les conclusions du congrès sont-elles l'expression fidèle de la majorité des travailleurs français ?

Non, mille fois non ; car des individus sans mandat, des audacieux enhardis par l'appoint qu'ils trouvèrent dans la population marseillaise trompée par des phrases ronflantes, il est vrai, mais creuses et vides de sens, s'emparèrent de la situation.

Oui, ce sont ces mêmes hommes qui, lorsque des collègues honnêtes et sensés leur reprochaient de travailler à la fermeture du congrès, leur répondaient : « Une bonne condamnation ferait plus de bien à la cause que toutes les théories raisonnables que vous pourriez émettre. »

Est-ce assez écœurant ?

C'est ce qui me fait espérer qu'une fois la première impression passée, et en y réfléchissant bien, la majorité des travailleurs et les spectateurs impartiaux ne donneront pas plus de valeur qu'il n'en faut à leurs conclusions, et qu'ils daigneront attendre, pour porter un jugement vraiment sérieux sur la classe ouvrière, qu'elle se soit familiarisée aux luttes parlementaires, ce qui lui permettrait de jeter par-dessus bord ces intrigants qui veulent se faire un tremplin de la classe ouvrière honnête, pour satisfaire leur ambition et leur appétit personnel.

20. — Le conseil syndical des ouvriers menuisiers de la Seine a fait une protestation, contre laquelle s'est élevé un groupe d'ouvriers ne faisant point partie de la chambre syndicale. Cette protestation relative au congrès régional du centre, est ainsi conçue :

Le conseil syndical des ouvriers menuisiers du département de la Seine informe toute la corporation que les délégués, qui ont pris part aux discussions du congrès régional révolutionnaire, tenant ses assises à Paris, sont complètement étrangers à la chambre syndicale, et par ce fait n'engagent en rien la corporation dans les résolutions prises par eux dans ce congrès ;
La chambre syndicale représentant seule et directement les ouvriers menuisiers en bâtiment du département de la Seine.

21. — Je détache de la vigoureuse protestation du citoyen E. Drouet (no 12), les passages suivants, qui se rapportent au sujet actuel :

Qu'ai-je vu, s'écrie-t-il ?..... des citoyens acceptant un mandat qui leur interdit de donner leurs noms, disant : Nous ne parlons qu'au nom de notre groupe ; et l'on a décidé de cacher ces noms.

présentée au congrès. Nous, simple journaliste d'une feuille qui n'a qu'un mois d'existence, nous avons déjà correspondu, rien que pour Paris, avec cent quatre groupes sérieusement constitués !... »

Ainsi la représentation des corporations ouvrières aux derniers congrès était dérisoirement incomplète. Cette circonstance, jointe aux diverses et nombreuses protestations publiées plus haut, montre le peu de crédit que méritent les conclusions auxquelles ces congrès ont abouti. Il est à remarquer en outre, ainsi que le constate M. Schickler, « que ces conclusions furent adoptées à de faibles majorités ; mais, ajoute-t-il, comme par suite de l'absurdité des résolutions mises aux voix et du mode de votation employé pour les sanctionner — on était dans l'obligation de rejeter ou d'adopter en bloc tous les paragraphes — comme par suite de ce mode de votation, dis-je, un grand nombre de délégués décidèrent de s'abstenir, on les annonçait comme étant votées à l'unanimité, quoique, en réalité, il n'y avait jamais que 30 à 35 voix pour les appuyer toutes. Le plus grand nombre des délégués semblait complètement dégoûté. »

Tout cela prouve combien ces extravagantes résolutions ont peu de consistance, et combien il serait facile à un gouvernement normal de mettre fin aux excitations qui en résultent : il n'aurait qu'à donner une juste satisfaction aux besoins légitimes les plus urgents des travailleurs. M. Goutte, de Toulon, a raison de déplorer que, depuis dix ans que la République existe, il n'ait été encore rien fait pour la classe ouvrière. Je suis persuadé, comme lui, que c'est cette négligence qui pousse aux résolutions extrêmes.

Il est temps enfin d'agir : le but est grand, et la tâche n'est pas aussi lourde qu'on voudrait le faire croire; car, ainsi que le dit le citoyen Dauthier dans son rapport si instructif, « il suffit au gouvernement, — et il doit le faire, — pour réduire à néant ces doctrinaires de la discorde, de préparer un avenir meilleur pour l'ouvrier, par l'organisation de l'assurance du lendemain, qui est celle de la vieillesse; c'est là seulement qu'il y aura œuvre de solidarité nationale, d'assurance, de paix, de justice et d'amour pour la société et pour notre chère France. »

C'est maintenant au 4e congrès national à éviter les exagérations de ses prédécesseurs et à prouver que la grande masse des ouvriers est digne de la confiance et de l'intérêt de la République. Du reste tout présage qu'il en sera effectivement ainsi. A un récent banquet donné par la Chambre syndicale des ouvriers apprêteurs en pelleteries et en fourrures, lit-on dans le *Petit National* du

25 août 1880, l'envoyé des chambres syndicales du Havre, M. Lyonnais, « avec une éloquence entraînante, a fait appel à toutes les corporations ouvrières pour le congrès de cette ville, déclarant que ses camarades havrais étaient en communication d'idées avec tous les vrais travailleurs de France, et que si l'on voulait s'y mettre, ce serait au Havre que les agitateurs suspects, qui ne cherchent dans la violence qu'un tremplin pour leurs mesquines ambitions, seraient écrasés pour jamais, et que les travailleurs planteraient les jalons de leur marche vers l'avenir. » (Congrès fixé au 14 octobre 1880.)

Oui, le futur congrès évitera tout ce qui peut apporter la discorde dans la société ; il repoussera l'organisation dissolvante d'un parti distinct des autres classes, la constitution aristocratique d'un État spécial dans l'État républicain ; et fort dans sa calme et ferme attitude, il étudiera consciencieusement et utilement les améliorations qui lui paraîtront susceptibles d'une plus prompte application.

Mais pour être en mesure de remplir sans entraves cette féconde mission, il importe que le congrès n'admette dans son sein que des délégués vrais, sérieux. A ce sujet, je ne puis mieux faire que de reproduire la résolution proposée à Marseille en vue de l'organisation de ce congrès et adoptée à une forte majorité, malgré l'opposition des membres les plus exaltés. En voici le texte :

« Les délégués soussignés, au nombre de soixante et un, soumettent à l'approbation du congrès la résolution suivante :

» Le troisième congrès ouvrier socialiste de France, réuni à Marseille, invite les membres qui composeront le quatrième et prochain congrès à procéder, avant toute discussion, à la vérification des pouvoirs de ses membres par la lecture des procès-verbaux constatant leur délégation.

» Pourront participer aux travaux du congrès les délégués remplissant les conditions d'éligibilité mentionnées ci-dessous, savoir :

» Ceux émanant directement d'une chambre syndicale de travailleurs ou d'association corporative, ayant des statuts et réunis en assemblée générale à cet effet; ceux émanant du groupement de plusieurs chambres syndicales ou associations corporatives ;

» Les chambres syndicales, dont le nombre de membres sera supérieur à 500, pourront nommer deux délégués;

» Les groupes d'études sociales ou cercles ouvriers ayant des statuts à l'usage des travailleurs et défendant leurs intérêts, pourront dési-

gner des délégués travailleurs dans les pro-
portions ci-dessus énoncées.

» Tout délégué qui aura recherché la délégation ou l'aura obtenue par des manœuvres sera
éliminé du sein du congrès. »

Ces dispositions sont sages; mais pour qu'elles
reçoivent leur exécution, il est essentiel que les
vrais travailleurs se rencontrent dès le début en
grande majorité; il faut que les corporations,
restées jusqu'ici en dehors du mouvement,
secouent leur funeste indifférence; il faut
qu'elles se pénètrent de la gravité de la situation, qu'elles s'occupent de trouver des candi-
dats sérieux, qu'elles discutent et arrêtent le
programme à leur tracer, et qu'elles sachent accepter les légers sacrifices à faire.

C'est à ces conditions que les congrès ouvriers,
ceux de l'avenir, comme celui du Havre, pourront réparer les torts de leurs devanciers et
déjouer les intrigues des pêcheurs en eau
trouble.

Les vrais travailleurs n'auront alors qu'à
laisser les excentriques s'épuiser à tenter l'organisation de leur parti ouvrier, qui ne serait en réalité qu'un parti d'aristocrates plus ou moins ouvriers, qu'un parti de gouvernement aspirant à
devenir un gouvernement de parti et, comme
ses prédécesseurs, à opprimer l'Etat, c'est-à-dire

la nation, c'est-à-dire nous tous. Sans plus se préoccuper de leurs sinistres, mais impuissantes manœuvres, ils poursuivront avec assurance la réforme des abus dont ils se plaignent à juste titre, comptant pour réussir, non sur la guerre intestine, mais sur l'union des hommes de bonne volonté de toutes les classes. En suivant cette ligne de conduite loyale et féconde, ils rendront un immense service, tout à la fois à la classe ouvrière, à la République et à la France.

FIN

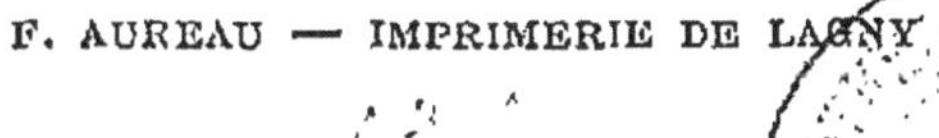

F. AUREAU — IMPRIMERIE DE LAGNY